BEI GRIN MACHT SICH IHR WISSEN BEZAHLT

AF143581

- Wir veröffentlichen Ihre Hausarbeit, Bachelor- und Masterarbeit

- Ihr eigenes eBook und Buch - weltweit in allen wichtigen Shops

- Verdienen Sie an jedem Verkauf

Jetzt bei www.GRIN.com hochladen und kostenlos publizieren

Bibliografische Information der Deutschen Nationalbibliothek:

Die Deutsche Bibliothek verzeichnet diese Publikation in der Deutschen National-
bibliografie; detaillierte bibliografische Daten sind im Internet über http://dnb.d-
nb.de/ abrufbar.

Impressum:

Copyright © 2016 GRIN Verlag, Open Publishing GmbH
Druck und Bindung: Books on Demand GmbH, Norderstedt Germany
ISBN: 9783668295339

Dieses Buch bei GRIN:

http://www.grin.com/de/e-book/339188/rhetorische-fragestellungen-zum-weiter-
bildenden-studium-der-mediation

Tobias Steinmann

Rhetorische Fragestellungen zum weiterbildenden Studium der Mediation

GRIN Verlag

Gliederung

1.)

a.) Auf welche Emotionen und Gedanken des Medianden M könnten die in den Beispielen 1 und 2 beschriebenen Verhaltensänderungen hindeuten?

Grundsätzlich gilt: Körpersprache, also körperliche Signale sind niemals wirklich eindeutig. Bestimmte Gesten sind in bestimmten Kulturkreisen mitunter recht bezeichnend, sind aber nie hundertprozentig eindeutig[1]. Sie bleiben ambivalent[2] oder können gar mit einer gewissen Ambiguität[3] ausgestattet sein.

Am Beispiel des Medianden M kann die Veränderung der Körperhaltung, hier nach vorn geneigt, im Beispiel 1 möglicherweise darauf hindeuten, dass ein gesteigertes Interesse vorliegt, er sich ggf. zu Wort melden möchte (Positive Ambivalenz) oder eventuell auch darauf, dass er Einwände hat und unterbrechen möchte (Negative Ambivalenz). Das plötzliche Verändern der Haltung (Bewegungstempo) kann tendenziell ein Hinweis darauf sein, dass M nun mehr Dynamik (Positive Ambivalenz) in das Gespräch bringen möchte, oder aber er zeigt damit, dass seine Aufregung (Negative Ambivalenz) zunimmt. Die Geste „stützt beide Hände auf die Knie", also mit nach unten gerichteten Handflächen, kann im Sinne positiver Ambivalenz als Beschwichtigung, Kontrolle des Geschehens, Gnadenerweis, etc. angesehen. Im Sinne negativer Ambivalenz wären aber ebenfalls Abwehr oder Hochmut denkbar. Das Abheben einer Ferse vom Boden kann auf Aktionismus oder Zustimmung (Positive Ambivalenz) deuten, jedoch ebenfalls auf Ablehnung, Anspannung oder gar Flucht (Negative Ambivalenz).

Im Beispiel 2 kann das Zurücklehnen mit Abwarten (positive Ambivalenz) assoziiert werden, denkbar wäre auch eine ablehnende Haltung (negative Ambivalenz). Die ausgestreckten Beine deuten auf Entspannung (positive

---

[1] V. Schlieffen, Rhetorik I, 2013

[2] Unter **Ambivalenz** (lat. *ambo* „beide" und *valere* „gelten") wird in der Psychologie, Psychotherapie, Psychiatrie und Psychoanalyse das Nebeneinander von gegensätzlichen Gefühlen, Gedanken und Aussagen verstanden. In der gehobenen Umgangssprache gebräuchlicher ist das Adjektiv **ambivalent** (zwiespältig, doppelwertig, mehrdeutig, vielfältig). Der Begriff wurde von Eugen Bleuler (1857–1939) geprägt.

[3] Von **Mehrdeutigkeit** oder **Ambiguität**, *die* (von lateinisch *ambo* ‚beide'; *ambiguus* ‚doppeldeutig', ‚mehrdeutig', ‚uneindeutig') spricht man, wenn ein Zeichen mehrere Bedeutungen hat. Bei nur zwei Bedeutungen spricht man auch von *Doppeldeutigkeit* oder von *Zweideutigkeit*.

Ambivalenz) oder möglicherweise Gleichgültigkeit (negative Ambivalenz). Der auf der Armlehne locker ruhende Ellenbogen ebenfalls. Das plötzliche Zurückziehen der Beine lässt die Vermutung zu, dass wieder mehr Dynamik (positive Ambivalenz) empfunden wird oder aber Aufregung oder Ablehnung (negative Ambivalenz). Die gefalteten Hände im Schoß lassen auf Abwarten (positive Ambivalenz) oder Skepsis (negative Ambivalenz) schließen.

Es bleibt die Doppeldeutigkeit. Es lohnt sich aber unbedingt, sich mit Doppeldeutigkeiten, Zweideutigkeiten oder Ambiguitäten in der Kommunikation eingehender auseinanderzusetzen.
Warum? Weil eine präzisere Einschätzung des Gesprächspartners dabei helfen kann die Situation besser zu analysieren, mögliche Reaktionen zu erkennen und Ableitungen daraus zu treffen.

Nun, auf welche Emotionen und Gedanken können die beschriebenen Verhaltensänderungen hindeuten?

Beispiel 1: M scheint durch die Bemerkungen seiner Frau aufgebracht. Er wirkt interessiert und dem Geschehen zugewandt. Auf emotionaler Ebene impliziert seine Haltung Neugier, Wachsamkeit, möglicherweise Angst oder Besorgnis. Vielleicht finden die Worte seiner Ehefrau keinen Anklang bei ihm und er plant etwas dazu zu sagen. Vielleicht denkt er sich „Was gibt sie da für einen Humbug von sich?" oder „Warum erzählt sie das hier?" oder „Warum war ausschließlich meine Karriere für Deine finanzielle Absicherung wichtig? Dich hat niemand dazu gezwungen immer nur Hausfrau zu sein!". In jedem Fall geht meine persönliche Einschätzung dahin, dass M sich in Kürze zu Wort meldet und die Aussage seiner Frau ergänzt, revidiert oder aus seiner Sicht darlegt. Die Gedanken des M exakt zu ergründen ist leider nicht möglich. Aber die Veränderung an seiner Körperhaltung, seiner ganz persönlichen nonverbalen Rhetorik, lassen Rückschlüsse darauf zu und helfen, die aktuelle und folgende Situation besser zu analysieren, sein eigenes Verhalten anzupassen und Ableitungen zu treffen.

Beispiel 2: M hat sich scheinbar im Laufe des Mediationsgeschehens entspannt. Das entspannt wirkende Zurücklehnen, die ausgestreckten Beine und der locker ruhende Ellenbogen deuten darauf hin. Auf emotionaler Ebene wären Gelassenheit, Akzeptanz und Interesse denkbar. Gedanklich stimmte er möglicherweise dem Geschehen zu, bis zu dem Moment, wo seine Frau das Thema mit der Kinderbetreuung erwähnt. Seine Haltung verändert sich abrupt und geht in eine angespannte, erwartende Körperhaltung über. Gedanklich ist diese unbewusste Handlung möglicherwiese von Sätzen wie etwa „Was soll das denn jetzt?" oder „So war das nicht abgemacht!" begleitet. Seine Haltung geht in eine Erwartungshaltung gegenüber dem nun Folgenden über.

b.) Wie verhalten Sie sich als Mediator konkret, um mit den geschilderten Verhaltensänderungen angemessen umzugehen?

Als Mediator ist es von immenser Wichtigkeit das eigene Handeln immer wieder zu reflektieren, vor, während und nach dem eigentlichen Mediationsprozess. Das eigene Verhalten darf unter keinen Umständen die Mediation gefährden oder schädigen.
Die Haltung gegenüber den Medianden muss stets unabhängig, unparteilich und vor allem neutral sein. Keine der beiden Konfliktparteien ist bevorzugt zu behandeln. In jedem Fall sollte die eigene Einschätzung bezüglich körperlicher Signale sich stets auf die Gesamtbewertung stützen. Zu berücksichtigen ist, dass nicht ausschließlich die Zeichen ambivalent sind, sondern auch vom Empfänger unterschiedlich beobachtet und interpretiert werden. Es gilt, Missverständnisse zu vermeiden.

Im Fall von M bezüglich Beispiel 1 würde ich ihn direkt ansprechen und ihm mitteilen, dass mir aufgefallen ist, das sich seine Körperhaltung verändert hat und er angespannt wirkt. Eine Aufforderung zum Sprechen, vielmehr die Frage, ob er etwas dazu sagen möchte, wäre hier angemessen.

Bezüglich Beispiel 2, wo er eine entspannte Körperhaltung hat, scheint er sich mit der Situation gut arrangieren zu können. Vielleicht bereitet ihm das Brainstorming im Rahmen der Lösungsfindung sogar Spaß. Als es um die Regelung der Kinderbetreuung geht, er plötzlich die Beine unter den Stuhl zieht und die Arme gefaltet in den Schoß legt, würde ich auch wieder gezielt darauf Ansprechen, da diese Reaktion vermuten lässt, dass er mit dem Vorschlag seiner Frau nicht einverstanden ist. Seine Meinung wäre zu erfragen. Denkbar wäre auch hier wieder die Erwähnung, dass die Veränderung der Körperhaltung aufgefallen ist.

2.) Wie können Sie (als Mediator) nonverbal auf den Verlauf einer Mediation positiv einwirken?

Auch wenn wir nicht ausschließlich verbal kommunizieren, der Körper spricht, immer. Signale werden auch dann mitgeteilt, wenn wir schweigen. In Mediationen bekommt dann das „WIE" der Ansprache und Auseinandersetzung eine wichtige Bedeutung. Eine sachliche und entspannte Atmosphäre sind die zentralen Voraussetzungen für das Gelingen von Konfliktmanagement. Jedoch ist die Körpersprache schwerer bewusst zu beherrschen, als die verbale. Die innere Haltung beeinflusst die äußere Haltung; Körpersprache manifestiert damit das Innere nach außen. Methoden, wie Rapport, Pacing[4], etc. sind Ansätze, um von diesen Erkenntnissen profitieren zu können.

Nonverbale Kommunikation, bzw. Körpersprache, ist vermutlich die älteste Form zwischenmenschlicher Verständigung. Es wird daher vermutet, dass Menschen im miteinander in der Regel unbewusst ihre verbale und nonverbale Kommunikation einander anpassen wollen. Diese Anpassungsbewegungen erklärt die Kommunikationspsychologie mit dem menschlichen Grundbedürfnis nach Harmonie, Symmetrie und Anerkennung, welches ein soziales Miteinander erst möglich macht. Diese Anpassungsbewegungen kann man sich in der Kommunikation, also auch in einer Mediation, bewusst zu Nutze machen, um andere Menschen zu beeinflussen.

Die Psychologie unterscheidet dabei verschiedene Verhaltensweisen:

1. **Pacing:** Körpersprache, Gestik, Mimik, Sprache werden mehr und mehr synchronisiert.
2. **Leading:** Durch körpersprachliches Verhalten, z. B. durch ändern der Sprechgeschwindigkeit die Führung des Gespräches übernehmen.

---

[4] http://www.the-secret-of-mindpower-and-nlp.com/NLP-techniques-pacing-and-leading.html vom 27.01.2016

3. **Rapport:** Nahezu vollständige Symmetrie herstellen – die Partner nehmen jedes Mal durch ihr Verhalten auf einander Bezug.

Empathie wird ebenfalls als Rapport bezeichnet. Bei bestehendem Rapport neigen Menschen dazu, einander tendenziell positiver zu bewerten, sich eher zu vertrauen und Gesagtes weniger kritisch aufzunehmen. Ist erst einmal Rapport hergestellt, wird man die Führung des Gespräches leichter übernehmen können (Leading), was für den Folgeverlauf der Mediation entscheidend ist. Insofern ist für eine erfolgreiche Mediation bzw. nonverbale Kommunikation der körperliche Ausdruck sehr wichtig.

Auch wenn körpersprachliche Signale gerade in Mediationen eine entscheidende Rolle spielen, ist es wichtig zu wissen, dass Körpersprache nie eindeutig ist. Schließlich lassen sich körpersprachliche Signale nie lernen wie Vokabeln, die ganz fest definierte Inhalte haben. Sie bleiben ambivalent und sind mitunter mit einer gewissen Ambiguität behaftet. Die Versuche, solche basalen Abläufe kognitiv zu überlagern, stellen eine enorme Herausforderung dar und sind nur mit jahrelangem Training möglich. Dies sollte man wissen, bevor man die Methoden zur nonverbalen Kommunikation überbewertet. Denn so gut die Methoden auch im Einzelfall funktionieren mögen: Auf Dauer und für die Praxis kann es sogar kontraproduktiv sein, wenn die Körpersprache manipuliert wird. Denn der Mensch, der versucht seinen Körper im Rahmen sozialer Interaktion bewusst zu kontrollieren, wird beim Gegenüber häufig als inkongruent erfahren, da dieser ein künstliches Verhalten "unbewusst" als unstimmig zur verbalen Aussage erfahren wird. Authentisches Verhalten ist künstlich aufgesetztem Verhalten stets zu präferieren.

Die Methoden zu kennen hilft jedoch enorm sich für die körpersprachlichen Signale und die Bedeutung der nonverbalen Rhetorik zu sensibilisieren. Damit ist der erste Schritt gemacht, um sich die Wirkung der körperlichen Kommunikation bewusst zu machen. Die innere und die äußere Haltung befinden sich in einer permanenten Wechselwirkung. Man nutzt diese Wechselwirkung bereits, indem man eine Haltung annimmt, die offen und ehrlich eine faire Konfliktlösung beabsichtigt. Umgekehrt, und häufig noch einfacher, kann eine äußerliche bzw. körperliche Haltungsänderung herbeigeführt werden, um eine entspannte Atmosphäre zu erzeugen. So kann die Atmung verändert werden, man kann sich dem Gegenüber offener zuwenden, die Körperhaltung kann geöffnet werden, die Kiefermuskeln können gelockert werden usw.

Die Möglichkeiten, die Körpersprache im Konfliktmanagement konstruktiv zu nutzen, setzen einen bewussten und authentischen Umgang mit nonverbaler Rhetorik voraus. Rapport, Pacing, etc. sind durchaus geeignete Mittel, die jedoch erst durch notwendiges Training praktisch umgesetzt werden können.

Der Mediator muss lernen nonverbale Signale an sich und seinem Gegenüber zu beobachten. Wenn er merkt, dass es zu abträglichen Blockaden gekommen ist überprüft er seine innere Haltung authentisch oder interveniert mit Veränderung seiner Körpersprache ohne sich zu verstellen und hat damit eine wertvolle Ressource genutzt, um mit bewusstem Einsatz seines Körpers eine Situation zu entspannen und somit positiv zu beeinflussen.

Neben der Analyse der körperlichen Signale des Medianden ist ebenfalls die Analyse der eigenen körperlichen Signale notwendig, um den Verlauf einer Mediation positiv zu beeinflussen. Die nonverbale Rhetorik unterscheidet dabei zwischen positiver und negativer ambivalenter Ausstrahlung.

Ein Beispiel positiver körperlicher Signale für eine positive Beeinflussung einer Mediation (im Sinne positiver Ambivalenz):

Der Mediator hat eine aufrechte, dem Medianden zugewandte Körperhaltung. Partielles Kopfnicken und Blickkontakt zeugen von vermeintlichem Interesse. Das Tempo seiner Bewegungen ist ruhig und entspannt, was auf Gelassenheit hindeutet. Die Bewegungen seiner Arme switchen zwischen engen (Vorsicht, Präzision) und weiten (Sicherheit) Bewegungen, jeweils der Situation angepasst. Die Handflächen sind häufig im Gespräch nach oben gerichtet (Offenheit, Toleranz, Bereitschaft zur Diskussion). Die Stimme klingt sonor und ruhig (Entspannung, Sicherheit), das Sprachtempo ist langsam (ruhig, entspannt). Die Mimik des Gesichtes ist den Situationen angemessen. Der Kleidungsstil nicht zu leger, die Farbwahl angemessen. Die Medianden sollten sich durch die Kleidungsauswahl gewürdigt fühlen.

Stellen Sie sich eine Wirtschaftsmediation mit hochrangigen Geschäftsleuten, beispielsweise aus dem Bankenwesen, vor, wo der Mediator in zerrissenen Jeans und Flip Flops sitzt. Geht nicht? Richtig.

Die Art und Weise wie wir uns nonverbal rhetorisch verhalten, in welchem Maße wir „schauspielern", ist mitunter für eine gelungene Mediation von Entscheidung. Trotzdem sollte man sich nicht dazu verleiten lassen jetzt zu einem Schauspieler zu mutieren. Die Authentizität des eigenen Ich, der eigenen Rolle als Mediator, ist das wichtigste Gut der eigenen nonverbalen Rhetorik, wie bereits im Vorfeld erwähnt. Ist ein Mediator nicht „echt" wird er sehr schnell auffliegen und das notwendige Vertrauen kann unter Umständen gar nicht erst hergestellt werden.

3.) Erläutern Sie die fünf Phasen der Redevorbereitung.

Ein Rhetor hat erhebliche Arbeit zu leisten. In der klassischen Rhetorik ist die freie Rede in fünf Phasen[5] unterteilt welche nachfolgend erläuternd dargestellt werden sollen:

Invention – die Erfindungsphase

In der inventio muss der Rhetor die zum Thema passenden und bezüglich seiner Redeabsicht besonders überzeugenden Argumente identifizieren und einsetzen. Dabei beginnt alles mit der Ideensammlung, die Kreativität, Phantasie, Spektrum und Experienz benötigt. Gibt es Inhalte und Aspekte die bei der Bearbeitung des Themas im Vordergrund stehen? Welcher Stoff bzw. welches Material erlaubt eine glaubhafte Darstellung? Zunächst sollten alle nah- und fernliegenden Gesichtspunkte zusammenzutragen werden - eine Selektion des Gedankenmaterials findet zu einem späteren Zeitpunkt statt. Neben der eigenen Sachkenntnis der Thematik sowie entsprechender Kreativität kann sich der Rhetor dazu auch noch der klassischen regelgeleiteten Fragesysteme der Topik bedienen, um den Redegegenstand bzw. -stoff zu ergründen und Argumente zu finden. Die von der klassischen Rhetorik entwickelten Topoi-Kataloge, etwa die Frageweisen, erlauben dem Redner nicht nur die Auffindung von Redestoff, sondern dienen oft auch schon dessen Gliederung.

---

[5] V. Schlieffen, Rhetorik II, Teil 2

Disposition – die Gliederungsphase

Hier bringt der Rhetor die identifizierten Argumente in eine logische Reihenfolge. Es gilt vorab, kritisch zu selektieren, was der Rede wirklich dienlich ist, bzw. was verzichtbar wäre. Der Stoff wird konkretisiert. Dabei helfen die Topoi-Kataloge. Bei der konkreten Gliederung widmet sich der Rhetor zunächst dem Hauptteil. Die inhaltliche Struktur dieses zentralen Herzstücks der Rede gibt vor, wie Einleitung und Schluss zu gestalten sind. Für die notwendig klare Gliederung des Hauptteils haben sich in der Rhetorik bestimmte Dispositionsmodelle bewährt, wie etwa der Fünfsatz (z.B. Standpunktformel, Problemlösungsformel). Kernteil jedes Dispositionsmodells ist die Begründung, mit der der Rhetor sein Publikum argumentativ, also mit den Mitteln des Logos, zu überzeugen versucht. Hier gilt: die Zusammenstellung der Pro- und Contra-Argumente zu konzipieren, was nochmals vom anzusprechenden Auditorium und dem Redethema abhängig ist.

Elocutio – die Formulierungsphase

Dort wird der rhetorische Text sprachlich und stilistisch aufbereitet. Das Logos, die Argumente, werden nun mit rhetorischen Überzeugungsmitteln kombiniert. Die besten Argumente bleiben ohne Widerstände oder Einwände des Auditoriums, wenn es dem Redner nicht gelingt, ihnen eine stilgerechte, ansprechende Form zu verleihen (Pathos) und selbst glaubhaft zu wirken (Ethos). Aspekte wie Angemessenheit, Sprachrichtigkeit, Verständlichkeit und Anschaulichkeit sind bei der Ausformulierung zu berücksichtigen. Die rhetorischen Mittel, bzw. die rhetorischen Figuren, sollten angemessen verwendet werden und auf die Redesituation angepasst sein, die Verständlichkeit für das Auditorium spielt dabei eine wichtige Rolle. Es ist zu berücksichtigen, dass sich geschriebene und gesprochene Sprache unterscheiden! So wie der Hauptteil zunächst gegliedert wird, sollte dieser auch zunächst formuliert werden. Einleitung und Schluss erhalten dann im Nachgang ihr sprachliches Gewand.

Memoria – die Einprägungs- und Trainingsphase

Hier erfolgt die gedankliche Einprägung der Rede. Es gilt festzulegen, wie die Rede gehalten werden soll: frei, halbfrei oder abgelesen. An dieser

Grundentscheidung richten sich alle weiteren Schritte zur Einprägung bzw. Übung aus. Arbeitet der Rhetor beispielsweise nicht gänzlich mit dem ausformulierten Text, so muss er sich nun aus diesem Stichpunkte, Phrasen, Gedankenstützen, etc. zusammentragen, die ihm beim späteren Vortrag durch die zuvor geübte Rede helfen. Wählt der Rhetor die freie Rede, so muss der Redetext auswendig gelernt werden.

Actio – der Vortrag

Actio bezeichnet schlussendlich den Redevortrag als solches, also die gestische, mimische und körpersprachliche rhetorische Aktion sowie die stimmliche Darstellung. In der Darstellung der Rede vor dem Auditorium verschmelzen nun die drei rhetorischen Mittel von Logos, Pathos und Ethos. Nicht nur was gesagt wird, sondern auch wie es gesagt wird, hat großen Einfluss auf das Auditorium. In der actio verschmelzen Inhalt und darstellerische Darbietung des Rhetors zu einem Ganzen.

4.) Warum ist es bei der Themensammlung in der zweiten Phase einer Mediation so wichtig, dass der Mediator die Themen der Medianden möglichst neutral formuliert? Drei Beispiele für ein Thema eines Medianden und das durch den Mediator neutral formulierte Pendant.

Vorab: die Themensammlung ist der erste wichtige Testlauf für die Balance und die Neutralität des Mediators. Nicht wenige Mediatoren nehmen diesen wichtigen Schritt nicht ernst genug und mediieren die Regeln nicht gründlich, versuchen bei Streit zu disziplinieren anstatt zuzuhören und Hypothesen aufzustellen.

Nachfolgend möchte ich verstärkt auf die Neutralität eingehen:

Das wichtigste, aber zugleich auch schwierigste Prinzip ist das der Neutralität. Für die Akzeptanz und Anerkennung bei den Parteien ist die uneingeschränkte Neutralität des Mediators erforderlich[6]. Schon beim bloßen Anschein einer Parteilichkeit kann das Mediationsverfahren nicht ordentlich durchgeführt werden. Es besteht außerdem die Gefahr des Abbruchs durch die vermeintlich benachteiligte Partei. Es muss immer für beide Parteien erkennbar sein, dass sie einen Mediator beauftragt haben,

---

[6] Breidenbach, a.a.O., S. 81

der neutral mediiert, und nicht elnen, der Sachwalter einzelner Parteiinteressen[7] ist. Seine Grundlagen findet das Neutralitätsgebot in dem Berufsethos und dem Mediationsvertrag.

Jeder Mediator übt Einfluss auf die Verhandlungen und somit mittelbar auf das Ergebnis aus, aktiv wie passiv, bewusst oder unbewusst. Seine Tätigkeit wäre andernfalls überflüssig[8]. Daher muss sich seine Neutralität solide auf zwei Komponenten erstrecken: Auf die Person und die Handlungen des Mediators!

Bei den in der Person liegenden Umständen kommt es auf die Unabhängigkeit der beiden Parteien an. Als Kriterien können die Gründe herangezogen werden, die beim Richter zur Befangenheit führen wie verwandtschaftliche Beziehungen oder andere Nähebeziehungen[9]. Auch ein tendenzielles Eigeninteresse am Ausgang des Verfahrens wird die Unabhängigkeit und so die Neutralität des Mediators in Frage stellen und die Mediation gefährden.

Der anwaltliche Mediator beispielsweise darf keine Mediation durchführen, wenn er eine Partei zuvor in der gleichen Angelegenheit vertreten hat[10]. So verbietet § 45 Abs. 2 Nr. 1 BRAO ausdrücklich jedes „sonstige Tätigwerden" in einer Angelegenheit, mit der der anwaltliche Mediator als Parteivertreter schon befasst war[11]. Umstritten ist, ob ein Einverständnis der Gegenpartei die Rechtslage ändert[12]. Aber das soll hier nicht vertiefend diskutiert werden. Auch darf er nicht nach Abschluss des Mediationsverfahrens eine Partei in der gleichen Sache gegen die andere vertreten[13]. Er würde damit gegen §§ 43 a Abs. 4, 45 Abs. 1 Nr. 3 BRAO verstoßen.

---

[7] Breidenbach/Henssler-Henssler, Mediation für Juristen, 1997, S. 81
[8] Breidenbach, a.a.O., S. 171
[9] Vgl. Haft/vSchlieffen-Kracht, a.a.O., § 15
[10] Henssler/Koch-Henssler, Mediation in der anwaltlichen Praxis, 2. Aufl., 2004, § 3 Rdn. 30; Henssler/Kilian, FuR 2001, 104, 105; Breidenbach/Henssler-Henssler, a.a.O., S. 80; Schulz, AnwBl 1994, 273, 274; Strempel, AnwBl. 1993, 434, 435; nach Einzelfall abhängig: Hartung/Holl-Holl, Anwaltliche Berufsordnung, Kommentar, 2. Aufl., 2001, § 18 BORA, Rdn. 32: danach bei Geschaftsverträgen erlaubt, bei Scheidungsangelegenheiten nicht erlaubt
[11] Vgl. Henssler/Kilian, ZAP (2001) Fach 23, 525, 529f
[12] Mit Einverständnis erlaubt: Feurich, Bundesrechtsanwaltsordnung, Kommentar, 5. Aufl., 2000, § 18 BORA, Rdn. 4
[13] OLG Karlsruhe, NJW 2001, 3561, 3562; Hartung/Holl-Holl, a.a.O., § 18 BORA, Rdn. 40; Henssler/Kilian, FuR 2001, 104; Schlosser, NJW 2002 1376; Schlussbericht des BRAKAusschusses Mediation, BRAK-Mitt. 1996, 186, 187

Bei den in den Handlungen liegenden Umständen muss der Mediator durch neutrale Verhandlungsführung verhindern, dass er parteilich agiert. So sind immer neutrale Entscheidungen über den Hergang der Mediation zu treffen. Auch wenn er unrealistische Erwartungen der Parteien aufdecken muss, darf er nie den Anschein von Parteilichkeit erwecken.

Vorrangig der anwaltliche Mediator unterliegt der Gefahr, durch eine Rechtsberatung seine Neutralität zu einzubüßen. So ist denkbar, dass er eine Partei erst auf ihre gegen die andere Partei zustehenden Ansprüche hinweist, von der diese Partei zuvor nicht in Kenntnis war. Die andere Seite könnte darin den Verlust der Neutralität identifizieren. Der erfolgreiche Abschluss der Mediation ist abermals in Gefahr.

Die Literatur geht fast einhellig davon aus, dass der anwaltliche Mediator seinen Rechtsrat in die Mediation einfließen lassen kann. Auch der nicht anwaltliche Mediator hat illegale Vergleiche zu unterbinden und eine am materiellen Recht ausgerichtete Abschlussvereinbarung anzusteuern[14]. Der Mediator sollte Anregungen geben können, über welche Aspekte eine Einigung notwendig und möglich ist[15]. Auch soll er beide Parteien auf rechtliche Konsequenzen des Mediationsverfahrens wie drohende Verjährung und rechtliche Wirkungen ihrer Entscheidungen hinweisen können[16].

Ebenfalls kann der anwaltliche Mediator sein Rechtswissen in die Mediation einbringen, so dass er die Parteien über rechtliche Hintergründe und Möglichkeiten informieren kann. Duve[17] vertritt die Auffassung, dass dies die Parteien von einem anwaltlichen Mediator sogar erwarten. Risse[18] zufolge ist es Aufgabe des anwaltlichen Mediators, dass die streitgegenständlichen Rechtsfragen in der Mediation erörtert werden. In jedem Fall haben Informationen über die Rechtslage dort eine Grenze, wo Parteiberatung beginnt und der Mediator zwangsläufig seine Neutralität in Frage stellt, gefährdet oder aufgibt. Einen Ausgleich könnte der Mediator zufolge dadurch schaffen, dass er mal der einen und mal der anderen Partei einen jeweils für sie förderlichen, juristischen Rat gibt, womit seine Neutralität wieder hergestellt sei.

---

[14] Hager, ZMK 2003, 52, 56; vgl. auch B/J/P-T-Bischof, § 34 RVG, Rdn. 36
[15] Hehn, a.a.O., S. 19
[16] 36 Zartmann, a.a.O., S. 22; vgl. Mähler/Mähler, NJW 1997, 1262, 1265
[17] D/E/H-Duve, a.a.O., S. 90
[18] Risse, Wirtschaftsmediation, 2003, § 8 Rdn. 55

In der Praxis wird es schwierig sein, hier einen Ausgleich herzustellen, mit dem der Mediator seine Neutralität bewahren könnte. Durch jedes Einfließenlassen des Rechts durch den Mediator besteht die Gefahr, dass er seine Neutralität aufgibt bzw. den Anschein hierzu erweckt. Deswegen ist dem Vorschlag von Risse und Duve zu folgen, dass am Anfang der Mediation abgestimmt werden sollte, wieweit die rechtliche Aufklärungspflicht des anwaltlichen Mediators geht. Die Neutralität des Mediators kann ausschließlich nur so bewahrt werden!

Der Mediator kann auch während eines laufenden Mediationsverfahrens seine Neutralität verlieren, so dass er das Mediationsmandat niederlegen muss. Denkbar ist, dass in einem vertraulichen Einzelgespräch („caucus") eine Partei dem Mediator Hintergründe vermittelt, die sich mit dem Gerechtigkeitsempfinden des Mediators nicht vereinbaren lassen. Um nicht Partei für die „unterlegene Partei" zu ergreifen - was er zur Herstellung „seiner" Gerechtigkeit gerne tun würde -, sollte er die Mediation abbrechen.

Beispiele:

a) **Thema Mediand:** *Herr A. klingelt nachts bei Anwohnern um sich die Haustür öffnen zu lassen, Wohnungstüren werden zugeknallt, Musik und Fernseher sind einfach zu laut.*

Pendant Mediator: *Herr A. hat vermutlich seinen Haustürschlüssel vergessen. Wohnungstüren werden nicht leise geschlossen, die Geräuschpegel von Musik und Fernseher sind deutlich wahrnehmbar.*

b) **Thema Mediand:** *Frau F. hat regelmäßig Freier zu Besuch und ist mit diesen häufig die ganze Nacht zugange. Die Lärmbelästigung ist einfach nicht mehr zu ertragen. Zudem kann ich es den Kindern einfach nicht erklären.*

Pendant Mediator: *Frau F. hat regelmäßig wahrnehmbaren Besuch in der Nacht. Der Geräuschpegel ist deutlich wahrnehmbar. Die Thematik erscheint für die Kinder ungeeignet.*

c) **Thema Mediand:** *Der Kollege M. kommt fast täglich zu spät, es gibt keine Sanktionen. Ständig muss ich die angefallene Arbeit für ihn mit erledigen und dadurch Überstunden machen.*

Thema Mediator: *Kollege M. beginnt seinen Dienst nicht zu vertragsgemäß vorgeschriebener Zeit. Sie leisten entsprechende Mehrarbeit.*

5.) Schildern Sie bitte die Vor- und Nachteile des intuitiven und rationalen Verhandelns.

Eine Verhandlung findet immer dann statt, wenn sich zwei *(bilaterale Verhandlung)* oder mehrere *(polylaterale Verhandlung)* Parteien begegnen und versuchen, Konflikte durch eine Einigung beizulegen. Obwohl der Verhandlungsbegriff sehr weit gefasst ist, findet er seine Grenzen im Übergang vom friedlichen Interessenausgleich *am Verhandlungstisch* oder *vor* Gericht durch die Eskalation zwischen den Konfliktparteien mit Hilfe von Waffengewalt (Krieg) oder mit Hilfe von Schutzrechten (Patente) bzw. handelsrechtlichen Sanktionen (Wirtschaftskrieg) [19].

Unterhalb dieser Gewaltschwelle finden sich vielfältige Formen der Verhandlungsführung, beginnend bei der Partnerwahl *(Attraktivität, Versorgungssicherheit, emotionale Nähe etc.)*, über eher sachliche Auseinandersetzungen zwischen Geschäftspartnern, bis hin zu institutionalisierten Verhandlungen vor Gericht bzw. zwischen Behörden oder Anstalten des öffentlichen Rechtes *(Länder, Staaten)*.

Normalerweise wird in alltäglichen Verhandlungen unreflektiert und intuitiv vorgegangen. Dafür prägend ist die sogenannte „Basarsituation", in der beide Parteien gegensätzliche Positionen mit zum Teil stark überzogenen Forderungen einnehmen und sich in einem Verhandlungsprozess, durch Austausch von Vorschlägen, gegenseitig kleinstmögliche Konzessionen machen, bis sich ihre Positionen schließlich annähern und es zur Einigung kommt[20]. Dies geschieht fast immer ausschließlich auf Kosten einer Verhandlungspartei.

Vorteile des intuitiven Verhandlungsstils

Verhandlungen sind häufig sehr komplexe Angelegenheiten, so dass die Parteien bisweilen überfordert sind und sich die Auseinandersetzung nur

---

[19] https://de.wikipedia.org/wiki/Verhandlung vom 27.01.2016
[20] "Negotiation Dance", Raiffa, The Art and Science of Negotiation, S. 35ff

unzureichend steuern lässt. Dann weicht man auf das Basarverhalten und zugleich das einfachere Positionsdenken aus, um Komplexität zu umgehen[21]. Der weitaus dienlichere Grund liegt eher darin, dass jeder diese Methode und ihre Techniken beherrscht ohne zum Teil besondere Ausbildung oder Eignung und somit an Verhandlungen teilhaben kann.

Nachteile des intuitiven Verhandlungsstils

Dagegen ist vor allem ein hoher Zeitverlust zu verbuchen und die Gefahr des Scheiterns aufgrund überzogener Forderungen ist gegeben. Weiterhin liegt eine unmittelbare Gefahr darin, Opfer von Manipulationsstrategien- und techniken, unfairem Verhalten und Wissensvorsprüngen des Gegenübers zu werden (insbesondere des sog. Anchorings[22])[23]. Schließlich verursacht das Festlegen auf Positionen eine Konfliktverhärtung, welche mit den daran haftenden Emotionen zu einer Eskalation ausartet und die gegenseitigen Beziehungen auf Dauer schädigen kann[24]. Die Kooperation geht auf Kosten der Verliererpartei verloren; es läuft schlussendlich auf eine Nullrunde hinaus.

Rationales oder sachgerechtes Verhandeln

Die Nachteile intuitiven Verhandelns sollen durch rationales Verhandeln, welches auf das sog. „Harvard-Konzept" zurückgeht, vermieden werden. Dieser Verhandlungsstil sieht, anders als beim Basarverhandeln, die Interessen der Parteien im Vordergrund, möchte störende Begleitumstände ausschließen, Optionen zum beiderseitigen Nutzen entwickeln und aufgrund objektiver Kriterien ein Verhandlungsergebnis erzielen, welches durch kooperatives Verhalten auf gegenseitigem Einverständnis beruht (win-win-Lösung). Somit können direkte Nachteile des rationalen Verhandelns nicht identifiziert werden.

---

[21] Haft, Verhandlung und Mediation, S. 54 ff; Haft, Juristische Rhetorik, S. 45 ff
[22] Lax/Sebenius, The Manager as Negotiator, S. 134f
[23] Montada/Kals, Mediation, S. 16
[24] Glasl, Konfliktmanagement, S. 211ff.; Schulz von Thun, Miteinander Reden 1, S. 25 ff

6) Literaturverzeichnis

http://www.the-secret-of-mindpower-and-nlp.com/NLP-techniques-pacing-and-leading.html vom 27.01.2016

https://de.wikipedia.org/wiki/Verhandlung vom 27.01.2016

V. Schlieffen, Rhetorik I, 2013

V. Schlieffen, Rhetorik II, Teil2

Breidenbach, a.a.O., S. 81 Breidenbach, S. (1995), Mediation: Struktur, Chancen und Risiken von Vermittlung im Konflikt, Schmidt Verlag

Breidenbach, S. / Henssler, M. (1997), Mediation für Juristen, Schmidt Verlag

Vgl. Haft/vSchlieffen-Kracht, a.a.O., § 15

Henssler, M. / Koch, L. (2004), Mediation in der Anwaltspraxis, Deutscher Anwaltverlag, 2. Auflage

Henssler/Kilian, ZAP (2001) Fach 23, 525, 529f

Feurich, Bundesrechtsanwaltsordnung, Kommentar, 5. Aufl., 2000, § 18 BORA, Rdn. 4

OLG Karlsruhe, NJW 2001, 3561, 3562; Hartung/Holl-Holl, a.a.O., § 18 BORA, Rdn. 40; Henssler/Kilian, FuR 2001, 104; Schlosser, NJW 2002, 1376; Schlussbericht des BRAK Ausschusses Mediation, BRAK-Mitt. 1996, 186, 187

Hager, ZMK 2003, 52, 56; vgl. auch B/J/P-T-Bischof, § 34 RVG, Rdn. 36

Zartmann, a.a.O., S. 22; vgl. Mähler/Mähler, NJW 1997, 1262, 1265

Risse, J., Wirtschaftsmediation, 2003, C.H. Beck, 2. Auflage

Raiffa, H (1990). , The Art and Science of Negotiation, Harvard University Press Reprint

Haft, F. (2000), Verhandlung und Mediation, C.H. Beck, 2. Auflage

Lax, D.A. (2011), The Manager as Negotiator, Freepress, Reprint

Montada, L. / Kals, E. (2001, Mediation, Beltz PVU, 1. AUflage

Glasl, F. (2013), Konfliktmanagement, Freies Geistesleben, 11. Auflage